LE TATOUAGE

HISTOIRE D'UNE
PRATIQUE ANCESTRALE

图文小百科

文 身

[法] 热罗姆·皮埃拉　著

[法] 阿尔弗雷德　绘

梁容　译

广东旅游出版社
GUANGDONG TRAVEL & TOURISM PRESS

中国·广州

前　言

文身大众化

当今时代，虽然给儿童文身还不多见，但是全世界大城市的潮流风向、重要的文化活动无一不在悄然推动文身的发展，把文身推向大众化。文身店、文身沙龙、文身流动摊位等提供文身的场所无处不在。对这一现象感兴趣的历史学家和社会学家一致认为，在接下来的几十年里，文身师和文身者的数量会成倍增长。

文身的需求在不停地增长，文身市场也在急剧扩大，就连人类学家也难以评估文身带来的影响。在这种情况下，给年龄更小的人提供文身服务可以说是市场发展的必然趋势，同时也是新时代的需求。法国的第一家文身店于 1961 年在巴黎的皮加勒区开业，老板布鲁诺·库齐科利（Bruno Cuzzicoli）原本是个蔬果批发商，并没有特别的绘画才能。在那个年代，布鲁诺的顾客可以分为三大类：黑社会、硬汉和情侣。20 年后，法国有了二十来家文身店。到了 2016 年，法国文身店的数量超过了 2000 家。[1]

哈迪现象

很久以来，文身一直是一种"流动"的手艺。哪儿有集市，哪儿有马戏团表演，文身师就往哪儿去，然后在当地的街道、小酒馆或船上的隐秘角落开张营业。

历史上最早的一批文身店实际上出现在 19 世纪末。[2] 这些文身店或集中在各大港口城市，如纽约、阿姆斯特丹、鹿特丹、汉堡、哥本哈根等，或集中在伦敦等水道发达的城市。水手们喜欢去的小文身作坊，则大多安置在不见光的小酒馆后屋。

我们今天熟知的文身店，即平民百姓只要预约就能光顾的文身店，不过是近几十年来的新产物。在这种现代文身店，客人既可以选择文身师已画好的图案，也可以私人定制文身图案。在 1974 年的旧金山，唐·埃德·哈迪（Don Ed Hardy）的文身店"写实文身"开业，这是美国最早的现代文身店之一。

哈迪是个活生生的传奇人物。他于 1945 年生于加利福尼亚州，可能至今仍是美国最著名的文身师。他不但是第一位美术科班出身的文身师，也是第一个使文身真正进入现代艺术殿堂的人。他设计的文身基于骷髅头、心脏、骰子、扑克牌等图案，辨识度相当高，逐渐流传到了世界各地。自 21 世纪以来，他陆续将这些文身图案的使用权授予几大品牌，此后，在 T 恤衫、运动鞋、浅口鞋、包、罐装功能饮料上，你都能找到它们的身影。后来，著名时装设计师克里斯蒂安·奥迪吉耶（Christian Audigier）将哈迪的风格引入时尚界，创立了时装品牌"埃德·哈迪"[3]，自此，哈迪设计的图案更是流行得一塌糊涂。21 世纪初，流行歌手麦当娜·西科尼（Madonna Ciccone）大张旗鼓地穿着埃德·哈迪牌的 T 恤衫，戴着该品牌的帽子，从而让这位文身先驱的作品快速风靡全球。从纽约到仰光，从仰光到吉布提，哈迪设计的图案几乎出现在全球的每一个角落。[4]

充满仪式感的时尚

正如本书作者热罗姆·皮埃拉（Jérôme Pierrat）在正文中向我们讲述的，文身的习俗自古有之。[5]十几个世纪以来，人们因各种各样的理由而文身。起先是出于社会原因、政治原因或宗教原因，而近 15 年来，文身已经成为一种现象级的时尚潮流，吸引了前所未有的大批追随者，而且这股热潮仍在升温。社会学家大卫·勒布雷顿（David Le Breton）甚至提出文身已经超越了现象级时尚潮流的范畴，他说："15 年来，文身就像一场海啸席卷了我们，我们不能再用时尚潮流来形容它。"他也预言我们的时代可能会迎来一次"真正的文化革新"[6]。如今，一个人如果决定文身，最常见的原因是想通过一个美学标记让自己与众不同。这也应了吉尔·德勒兹（Gilles Deleuze）化用保尔·瓦莱里（Paul Valéry）的话："人之深处莫过于他的皮囊。"[7]

跨过痛苦的门槛

"我要大大增加你怀孕的痛苦，你生孩子必多受产痛。"[8]在人类发明了局部麻醉技术后，上帝对女人的这句诅咒落了空。然而现代文身技术却没能减轻我们文身时要遭的罪。我们的祖先文身时要遭受怎样的痛楚，我们如今仍然要遭受怎样的痛楚。但不要忘了，在有重大意义的认可和接纳仪式中，疼痛是不曾也永远不会缺席的，即使它只是暂时的。[9]尽管人们文身的动机多种多样、变幻莫测，尽管人们选择的文身图案可能平淡无奇、华而不实、毫无意义，但是文身始终是一种构筑个人身份的方式，尤其对年轻人而言更是如此，因此我们绝对不应低估文身在象征意义上的重要性。

达维德·范德默伦
比利时漫画家，《图文小百科》系列主编

注　释

1　自从 20 世纪 80 年代起，热罗姆·皮埃拉一直在担任杂志《文身》（*Tatouage Magazine*）的总编，所以在观察文身在法国的传播与发展方面，他有着得天独厚的条件。根据他的观察，法国职业文身师的数量在 25 年间翻了 100 倍。

2　世界上第一家官方准许的文身店名为 Tattoo Shop，是马丁·希尔德布兰特（Martin Hildebrandt）于 1846 年在纽约开立的。希尔德布兰特原籍德国，曾做过一段时间流动文身师。但是第一批文身店的诞生实际上要等到 1890 年至 1930 年间。

3　实际上，才华横溢的哈迪从日本文身中汲取了大量的灵感。19 世纪的两种经典文身图案——骷髅头和赌博元素只不过是他作品中的沧海一粟。奥迪吉耶出于推广品牌的需要，只在哈迪数量繁多的文身图案中选择了一种类型，还有意简化了他最重要、最具个性的一件作品。

4　说到底，这股时尚风潮比维维安·韦斯特伍德（Vivienne Westwood）和麦克拉伦（McLaren）这对夫妇所掀起的还要猛烈。1971 年，维维安·韦斯特伍德在伦敦的国王路上开了一家前卫小店，从 1974 年开始为摇滚乐队"纽约娃娃"（New York Dolls）制作服饰，两年之后开始为朋克摇滚乐队"性手枪"（Sex Pistols）制作服饰。她与同处一个时代的唐·埃德·哈迪都没有料到，他们的作品有朝一日会动摇世界主流文化的地位。皮带、破烂布料、大头针、苏格兰式格纹、英国国旗和豹纹……韦斯特伍德用这些元素建立了朋克服饰的基调。它们和哈迪的文身图案一样，从高端定制的服装到最大众化的成衣，引领时尚界 40 余年。值得一提的是，这两股风潮背后的发起人——韦斯特伍德、麦克拉伦和埃德·哈迪很少被人提及，而把他们的设计穿戴在身上的名人反而常常被人挂在嘴边。

5　布鲁诺·库齐科利是法国第一位现代文身师，关于历史学家如何追溯远古时期第一个文身者生活的年代，他曾经指出："文身使用的染色剂的主要成分是碳，它不会随着尸体的分解而分解。有文身的尸体被长时间掩埋后，这种碳元素会在骨骼上留下一层薄膜，在一些习惯将尸体赤裸着直接下葬的地区，我们就能观察到这种现象。但是知道这一奥秘的人非常少，这大概是因为衣物在腐烂过程中会侵蚀并摧毁文身。"

6　摘自大卫·勒布雷顿在 2014 年 7 月 7 日的《费加罗报》（*Le Figaro*）中的访谈。

7　法国哲学家吉尔·德勒兹的话出自《感觉的逻辑》（*La logique du sens*）第 20 页（Minuit 出版社，1982 年）。这句话化用了法国作家、诗人保尔·瓦莱里在《手册 B-1910》（*Cahier B-1910*）第 39 页中的名言：人只有外表是人。瓦莱里后来在《执念》（*L'idée fixe*）中又重新阐释了这句话：人身上最深奥的即是皮囊。这一作品收录于《名家收藏》（*Bibliothèque de la Pléiade*）中的《作品集 II》（*Œuvres II*）第 125 页（Gallimard 出版社，1960 年）。

8　摘自《创世记》第 3 章，第 16 段。

9　值得关注的是，洗文身的激光技术虽然也在不断进步，但是洗文身带来的疼痛却比文身更甚。尽管如此，这种技术正在得到越来越广泛的应用。

小伙子，听说你在牢房里给自己文了个身？

你还真有点儿难管教啊。

我见到了——一位"诗人"！

不过他没什么文化。*

MORT AU KEUFS

朋友，你想强充硬汉，不过你的做法已经过时了。

因为文身不再是黑社会的特权了！

2.

---

* 这里指犯人手臂上的文身犯了一个语法错误，au 这个词应该用复数形式 aux。

我不会关你 8 天禁闭……

我只会关你 1 个小时，给你好好地上一课。

坐下！

叛逆的小子，要知道，发明文身的不是黑社会，更不是朋克族……

而是我们的老祖宗！

实际上，考古学家已经发现了古人用驯鹿角制成的针和锥子，从而推测出人类很早就会利用工具进行"人体彩绘"了。

同样的，尼安德特人的骨针、有25000年历史的布满纹路的小雕像、旧石器时代用于研磨颜料的石磨和杵……这些文物的出土都证明文身可能发源于非常古老的时代。

我们目前能确定的是，最古老的文身已经有5300年以上的历史了。

1991年，一对徒步旅行的夫妇在奥地利和意大利边境的一座冰川中发现了一名古代猎人的遗体。

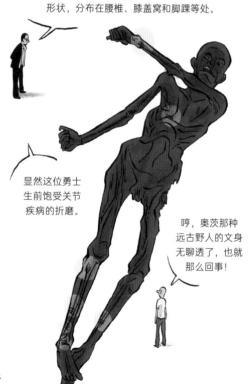

人们给他取名为"奥茨"*。这位亲爱的奥茨身上有很多疗伤时留下的文身，都是竖线和十字形状，分布在腰椎、膝盖窝和脚踝等处。

显然这位勇士生前饱受关节疾病的折磨。

哼，奥茨那种远古野人的文身无聊透了，也就那么回事！

4.

* 冰人奥茨（Ötzi）是一具因冰封而保存完好的天然干尸，他生活的年代为公元前3400～公元前3100年。奥茨这个名字源于干尸的发现地，阿尔卑斯山脉中的奥茨塔尔山区（Ötztal Alps）。

我懂，你所谓的文身是斯基泰人身上那种的。

？

斯基泰人于公元前 5 世纪生活在西伯利亚的阿尔泰山地，他们是骁勇善战的游牧民族。

他们的国王身上文有很多传说中的神兽。神兽姿态怪诞，而且是彩色的。

根据希罗多德＊的记载，斯基泰人大量使用大麻和其他种类的致幻药物。

你可千万别步他们的后尘！

在古代，文身是一种很时髦的行为。文身的民族不仅有斯基泰人，还有生活在西欧的凯尔特人的两百个族群。

其中最著名的是皮克特人和他们的近邻斯科特人。"皮克特"一词来源于拉丁文 pictura，意思是"图画"。皮克特人和斯科特人文身是为了吓退公元前 55 年登陆大不列颠岛的古罗马军团。

我们还没算上日耳曼人呢。早在公元前 98 年，历史学家就指出日耳曼人会在额头上文一个 Y，而作为日耳曼人的一支，撒克逊人则会在身上文一个 i。

5.

＊ 希罗多德（Herodotus），公元前 5 世纪的古希腊历史学家。

在古代，文身不一定是为了美观，比如古埃及人文身是为了预防或治疗疾病。

亚述人 *
文身是为了宗教信仰。

巴比伦人把文身视为一种刑罚，色雷斯人 ** 把文身视为一种羞辱。

至于古希腊人，他们在奴隶的前额上文身。

既然文身曾经这么普遍，后来为什么又消失了呢？

当然是因为宗教，孩子！

331 年，罗马帝国皇帝君士坦丁一世颁布了《米兰敕令》，承认了基督教的合法地位，并禁止在脸上文身。

当时认为脸部有着神圣的美感，所以这一身体部位不允许被玷污。

787 年，文身被基督教视为异教徒的行为，从而在卡尔克斯（Calcuth）主教会议上被彻底禁止。

除非是向上帝表示崇敬之意的文身。

实际上，在东方，刚刚皈依了基督教的教徒会毫不犹豫地在身体上文上象征信仰的图案，比如十字架或者鱼。

* 曾经生活在西亚两河流域的种族。
** 曾经生活在巴尔干半岛的种族。

自从 11 世纪的第一次十字军东征以来，宗教文身迎来了全新的繁荣时期。为了让出征的军人心甘情愿地战死他乡，教会许诺只要在手臂上文一个十字架图案，战死的人就可以葬在教会的墓地里。

后来，朝圣者们会在耶路撒冷、伯利恒＊或意大利的洛雷托圣母之家文身，作为他们朝圣之旅的证明。

即使教会明令禁止，文身也没有在民间绝迹。从中世纪一直到法国大革命时期，许多工人和手工艺人以文身作为行业的标记。

从 14 世纪起，各行各业的精英开始聚集到手工业行会里，使行会得到了很大发展，从而进一步推动了把文身作为行业标记的做法。

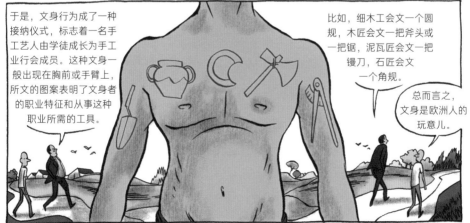

于是，文身行为成了一种接纳仪式，标志着一名手工艺人由学徒成长为手工业行会成员。这种文身一般出现在胸前或手臂上，所文的图案表明了文身者的职业特征和从事这种职业所需的工具。

比如，细木工会文一个圆规，木匠会文一把斧头或一把锯，泥瓦匠会文一把镘刀，石匠会文一个角规。

总而言之，文身是欧洲人的玩意儿。

＊ 巴勒斯坦中部城市，《圣经》记载的耶稣出生地。

你这可就大错特错了，文身是世界性的！在每个时代，在地球的每个角落，都有人文身！从最北部的因纽特人到北非的柏柏尔人，再到婆罗洲的伊班人，大家都在文身。

当然，各个民族文身的方法各有不同。不过基本的原理都是一样的：将文身颜料注入皮肤，使其沉积在真皮层的表层。真皮层位于基底膜下方，富含让皮肤有弹性的胶原纤维。

北极地区的因纽特人将针线穿过皮肤，用涂抹了染料的线为皮肤上色。

哎哟！

而新西兰岛的毛利人会以在身上割出伤口的方式文身。他们用一颗鲨鱼的牙齿割开皮肤，然后在伤口结疤前敷上颜料。

嘶！

不过大部分人都是用针刺的方法文身的，就像你。

就像我？用3根并在一起的针和酸奶盒收集的烟炱？

差不多。

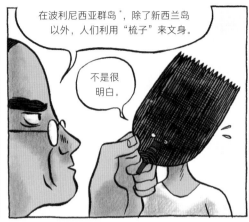

在波利尼西亚群岛*，除了新西兰岛以外，人们利用"梳子"来文身。

不是很明白。

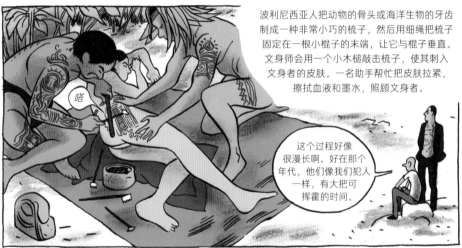

波利尼西亚人把动物的骨头或海洋生物的牙齿制成一种非常小巧的梳子，然后用细绳把梳子固定在一根小棍子的末端，让它与棍子垂直。文身师会用一个小木槌敲击梳子，使其刺入文身者的皮肤。一名助手帮忙把皮肤拉紧，擦拭血液和墨水，照顾文身者。

嗒

这个过程好像很漫长啊。好在那个年代，他们像我们犯人一样，有大把可挥霍的时间。

文身通常伴随着一系列的净化仪式，因为当时的人非常忌讳和鲜血接触。

他们的一生中不止文一次身。文身是一种证明，每次迈入人生的新阶段时，人们都要在原有的文身上增加新的图案。从中我们可以知道这个人成年了、参加了战役、拥有非凡的勇气、加入了某个集体，或是得到了某种身份。

值得一提的是，当时文身很昂贵。支付给文身师的报酬通常是布料、编织物、武器等。

真是够麻烦的！

是啊，所以说文身是一种贵族活动，专属于上层阶级。

---

* 位于太平洋中部，是太平洋三大岛群之一，另外两个是美拉尼西亚和密克罗尼西亚。

波利尼西亚群岛是一个三角形地带，当地的早期居民是拉皮塔人，他们是在公元前 1300 年至公元前 1000 年间由美拉尼西亚和东南亚迁移至此的。迁移者最先到达的是斐济群岛，最后到达的是新西兰岛。在这个三角形地带中，文身的功能和方法都十分相似。

夏威夷群岛

萨摩亚群岛

斐济群岛

汤加群岛

马克萨斯群岛

塔希提岛

复活节岛

新西兰岛

这个地带的文身风格、图案和象征意义也彼此相似，同时每个岛上的文身又有其独特之处。

马克萨斯群岛的文身被认为是最成熟、最精巧的，其中有 400 多种被观察家收录在册。

提基（Tiki）是马克萨斯群岛人被神化的祖先。提基形象中的所有元素都是当地常见的文身图案，比如他耳朵的螺旋形、他手臂的曲线、他的眼睛……这些元素在文身中或单独呈现，或组合在一起呈现。

还有一些文身是动物的形象，比如蜥蜴和乌龟。上层阶级的男性会把蜥蜴的图案文在脸上。

当然也有海洋动物，比如鳐鱼、螃蟹。此外还有各种花草、水果、家庭生活场景，以及象征文身者职业的图案。

贵族们会首先在脸上文身，图案由上至下，向脚部延伸。而身份低微的人恰好相反，他们会从脚部开始，由下至上地文身。

我准备为你念一段文章……

听好了！

这段话选自马克斯·拉迪盖*所写的《最后的野人》，讲的是马克萨斯群岛上一名年轻的酋长让文身大师图哈那·帕图·提基为他文身的经历。在当地，文身是一种子承父业的手艺。

---

* 马克斯·拉迪盖（Max Radiguet，1816—1899），法国旅行家、作家。

　　图乎泰坐在地上，上半身向后仰，将头依靠在一个卡纳克人*的膝盖上。这个人扶住他，让他保持不动。文身师单膝跪在他身边，借助一把小锤子，将一把"梳子"的尖端刺入他的皮肤。文身师时不时地把梳子浸泡在颜料中上色。随着一锤一刺的动作，梳子先是在他两侧的太阳穴移动，然后绕至前额，留下一组涟漪一般的血痕。第二组线条从鼻部开始横跨脸部，经过下眼睑的下方，到达双耳处。尽管脸部的棱角分明、梳子的宽度有限、颜色的晕染不可避免，然而，这两组线条整齐匀称、间隔相当，完美得让人无可指摘。它们又细又密集，迂回曲折，向同一个方向汇聚，仿佛构成了一条额带，凸显出双目的炯炯光彩。

那应该很气派！

哈哈……

文身师会根据所需线条的宽窄、色彩的均匀程度，在自己携带的 10 到 15 把梳子之间选择一把。这些梳子有的用骨头制成，有的用乌龟壳制成，有的用牙齿制成，都存放在一个小竹匣子里。而文身所用的颜料是一种由煤炭、烟炱和油脂制成的混合物。文身师会事先把图案雕刻在形似胳膊或大腿的木头上，供文身者参考。

*　新喀里多尼亚岛的原住民。

1842 年以后，随着波利尼西亚群岛的部分岛群被归入法国领土，文身的习俗渐渐被舍弃，直至在整个波利尼西亚群岛范围内被打入冷宫。天主教传教士是第一批文身反对者，他们将这种习俗视为异端邪教，欲将其赶尽杀绝。

在传教士的压迫之下，当地的掌权者们只得禁止自己的臣民文身。

就像塔希提的《波马雷法令》规定的那样。

1819 年，白人神父和塔希提国王波马雷二世共同签署了《波马雷法令》。这项法令和 1822 年在胡阿希内岛 * 颁布的法令一样，禁止人们文身。

文身是旧时代的产物，是一种陋习。一旦发现谁身上有文身，无论男女，将会被送去审判，接受惩罚！

西方宗教在禁止当地人衣不蔽体的过程中也连带扼杀了文身。因为如果裸露的身体部位被衣物遮盖住了，文身也就不再能体现一个人的身份和社会地位了。

13.

* 法属波利尼西亚的一个岛屿，位于塔希提岛的西北方。

新西兰的毛利人保存人头的习俗逃脱了被扼杀的命运，
这使得他们特有的面部文身被保存下来。这种专门在面部文的
图案叫作"墨刻"（Moko），所用的工具是一种用骨头、
贝壳或鲨鱼牙齿制成的凿子。

哦！

毛利人是一个悍勇好斗的民族，在和
其他部落的战斗中取胜后，会把敌人的脑袋砍下来，
钉在村子边上的一排小木桩上。每个人都可以
随意凌辱这些头颅，往上面吐口水。最后，
人们会把这些脑袋扔给狗吃。

14

毛利人家庭也会保存去世亲人的头颅。就像波利尼西亚群岛上的其他地方一样，头部被视为人身上最神圣的部位。

经过防腐处理的头颅被称为帕基帕基（Paki Paki），由死者的亲属保管。

1770 年 6 月，年轻有为的科学家约瑟夫·班克斯（Joseph Banks）在跟随库克船长的考察队探索太平洋岛屿时，取得了一个文身人头。

此后，每一支来到太平洋岛屿的考察队都和当地人讨价还价，希望带走一个文身人头。很快，文身人头变成了一种炙手可热的商品。

黑心商人把这种恐怖的交易发展起来，并从中捞了很多油水。

15.

虽然你的前辈们买卖的人头没有被列为违禁品，但这种行为也算不上光彩。

嘿，我跟他们不一样，我还是讲道德的！

况且我蹲号子是因为抢劫……

15

不久后，还有人收购刚被砍下的死人人头，
目的就是再把它们高价卖出去。

在市场的驱动下，有的人死后面部
才被文上图案。还有的酋长贪得无厌，
在自己的奴隶脸上文身，
然后把活人卖出去。

太荒唐了！

说得
没错。

即使年长的毛利人深以祖传
的墨刻为傲，可是事情发展
到这个地步，他们也不得不
开始在众人觊觎的目光中怀
疑这种习俗存续的必要性。

毕竟没有人想把
自己的脑袋放在英国人的
博物馆里展览。

而年轻的毛利人
则渐渐摒弃了
这一习俗。

到了 1814 年，英国圣公会的
传教士在新西兰岛登陆。在他们
的推动下，毛利人的墨刻和
许多其他的原始习俗一样，
都没能逃脱被遗弃
的命运。

而在萨摩亚群岛，有一种特有的文身却没有失传，一直保存到今天。这种文身叫作"皮亚"（Pe'a），文身图案一直从腰部延伸到膝盖处，看起来就像给人穿了一条短裤。

1899 年，萨摩亚群岛作为德、英、美三国的保护地被分成东西两个部分，西部岛群仍被德国占领，东部岛群被美国控制。

东部岛群聚集着拒绝被外来文化同化的原住民、政治犯和异端分子，殖民者和传教士都放弃了这一区域，任其自由发展。于是，这里成了一处庇护所，保护着古老的习俗。

近代西方人对文身的认识是从大航海时代 * 开始的。很多文献中都有探险家们关于原住民文身的记述，当时他们用"紧身短上衣""伤痕""印记""雕刻图画"等词语来指代文身。

13 世纪，威尼斯人马可·波罗远游中国。回国以后，他在游记中描述了中国云南居民和缅甸居民的文身。

3 个世纪后，法国航海家雅克·卡蒂埃（Jacques Cartier）和 1585 年赴北美探险的英国人约翰·怀特（John White），观察到了新大陆居民的文身。

18.

* 指 15 到 17 世纪的地理大发现时代。当时欧洲的船队在世界各处的海洋上探索，寻找新的贸易路线和贸易伙伴。哥伦布、达·伽马、麦哲伦等著名航海家都出自这一时代。

但是，直到 18 世纪后半叶，多次探索太平洋的
科学远征队才把文身重新引入西方。

在启蒙时代[*]，法国和英国的远洋航船上
一般都有学识渊博的学者随行。
这些学者会研究文身这种异国习俗，
并将观察到的图案尽量如实地画在纸上，
使它们能够流传下来，为后世所知。

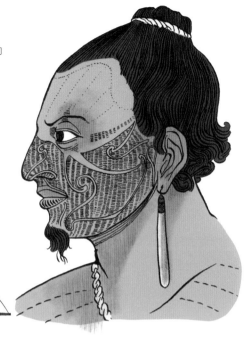

库克船长，也就是英国航海家詹姆斯·库克（James Cook，
1728—1779），曾三下太平洋。对于文身这个词的英文"tattoo"
的出现，他可以说功不可没。

起初，库克船长手下的水手把皮肤上的纹样命名为
"tattow"，这个词来源于波利尼西亚语中的
"tatau"，意思是"敲击"。

库克的船从南太平洋的岛屿归来时，
有的船员已经身体力行地实践了这项艺术，
把文身作为纪念品带了回来。

* 指 18 世纪在欧洲发生的一场涵盖哲学、文学、自然科学等领域的文化运动。

19.

还记得约瑟夫·班克斯吗?他在 1768 年 8 月登上了库克船长的"奋进"号,8 个月后抵达了塔希提岛。借由这次远航,他不但成了最初一批拿回文身人头的人,也成了最早开始文身的欧洲人之一。无独有偶,班克斯的同事、同行的船医悉尼·帕金森(Sydney Parkinson)也对文身情有独钟。他还在日记中描述了他的文身经历。

让我来给你念一段。

我、斯坦斯比先生和几个随行者让人在我们的胳膊上文身。染料一旦深入皮肤,无论用什么办法都除不掉。它是一种鲜艳的紫蓝色,仿佛在皮肤上留下一层加农炮的火药。

不幸的是,帕金森医生在回航途中死于痢疾。班克斯安然无恙地在 1771 年抵达伦敦,将他的文身公之于世。

到达南太平洋探险的船队都为天堂般美丽的海岛上的文身魔法所吸引。许多军官和水手(以"奋进"号上的居多)难以抵挡来自塔希提的文身习俗的魅力,纷纷让原住民用当地的方式为自己文身。

随后而来的考察船队的水手们也倾心于这种艺术，希望在身上留下一个"纪念品"。

俄国海军上将克鲁津什腾（Krusenstern）写了一本书叫《环球之旅》，书中讲述他从 1804 年到 1805 年的旅程时提到：他舰队中的每个人都渴望文身，一名专业文身师随船而行，却依然不能满足船员对文身的需求。

从前的传统习俗成了如今的潮流，在人们的皮肤上大放异彩！

船医是最早开始研究文身的人。当时有 3 位著名的法国船医都研究过水手在卫生条件恶劣的航行过程中文身可能引起的问题，以及文身后可能形成的瘢痕。他们是外科医生莱松（Lesson，从 1820 年开始发表相关论文）、病理学家于坦（Hutin，1853 年发表《文身研究》）、法医塔尔迪厄（Tardieu，1855 年发表相关论文）。

不错……比起待在湿漉漉的船舱里，文身受的苦还算好的。

在茫茫大海中，水手们只能指望同伴手中的"神笔"度日了。

尽管文身在法国也逐渐流行起来，但还是赶不上它在英美海员和士兵中的受欢迎程度。

1894 年，格鲁兹医生（Dr. Grouzer）估算有 5% 的法国水手文过身，到了 1896 年，他的同僚奥克塔夫·吉奥尔（Octave Guiol）估计这一比例上涨到了 10%。

海上的文身方法很简单：把 5 枚针合在一起，固定在一截木头的末端，以此为"笔"；以朱砂或墨水为"墨"，以一点点尿液为"清洁剂"……

而在美国，根据人类学家 A. T. 辛克莱（A. T. Sinclair）1908 年的估算，美国远洋海员文身的比例高达 99%。1913 年，海军外科医生 A. 法亨霍尔特（A. Farhenholt）公布了他 26 年来对文身的研究成果，其中称海军中有 60% 的年轻男性文过身。

从整个 19 世纪一直到 20 世纪早期，文身成了异国风情的化身，成了冒险与远方的代名词。

一批又一批的追随者为文身而痴狂，一些文过身的人甚至成为众人目光的焦点。

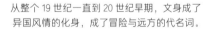

最早的航海探险家们把远航收集来的"战利品"带回欧洲，向大众展览。

1576 年，航海家马丁·弗罗比歇爵士（Sir Martin Frobisher）把一个前额和下巴都有文身的因纽特妇女带回了英国。

一个多世纪后的 1691 年，英国探险家、海盗、奴隶制拥护者威廉·丹皮尔（William Dampier）远航至菲律宾棉兰老岛，从该岛南边一个叫美昂吉斯（Meangis）的小岛上带走了吉奥罗王子（Prince Giolo），并把他带回欧洲展览。

吉奥罗王子身上有一个从颈部延伸到脚的完整文身。丹皮尔还把他带去给英国国王和王后观赏，这两人无疑给吉奥罗王子做了个活广告。

丹皮尔逢人就讲吉奥罗王子的故事，还不忘添油加醋……

在故事里，吉奥罗王子曾被棉兰老岛的国王抓住，然后又被卖掉了，接着又这样那样了……

哈哈！

其实吉奥罗王子的神秘文身只不过是他 5 个妻子中的一个给他文的，他家乡的所有男性基本都会让妻子给自己文身。

由于资金短缺，丹皮尔最终卖掉了吉奥罗王子。不久之后，吉奥罗王子在牛津死于天花。

到了 18 世纪初，带去给王室成员观赏的
"展品"就变成了北美洲的印第安人。
1723 年，据说有两个带文身的印第安人
踏上了欧洲大陆。

后来，1769 年，法国
航海家布干维尔（Louis-
Antoine de Bougainville）从塔
希堤回到欧洲时，带回了奥
图鲁酋长（Aotourou）。

奥图鲁酋长
自愿随船来到欧洲，并
在这里待了整整 11 个月。
他的这次旅行非常成功，
没有落得像吉奥罗王子
那样的结局。

5 年以后，地处波利尼西亚群岛的赖阿特阿岛
（Raiatea）的欧麦王子（Omai）在一次偶然的
机会下乘船来到了伦敦。

他作为库克船长第二次太平洋探险的随船翻译
从波利尼西亚登船，在一场剧烈的暴风雨后
直接在英国下了船。

他很快成了上流人士抢着结识的
宠儿，日日狩猎、夜夜笙歌。两
年以后，他登上库克船长第三次
下太平洋的航船，回到了波利尼
西亚的故乡。

跟我来。

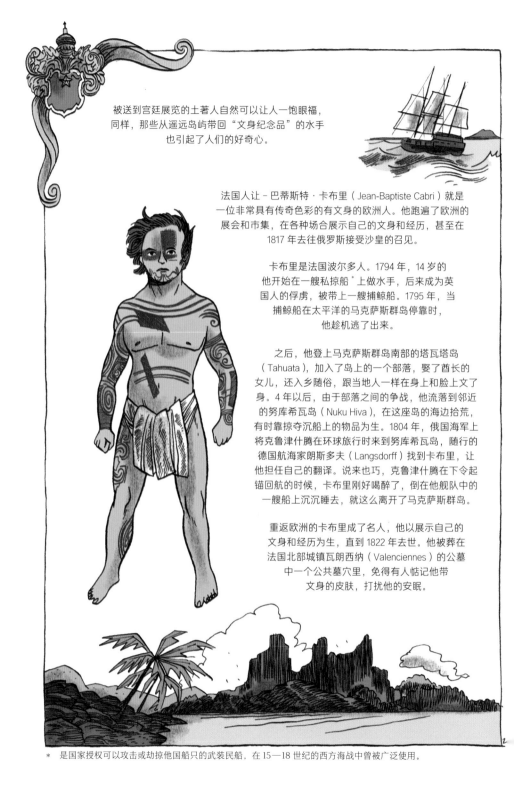

被送到宫廷展览的土著人自然可以让人一饱眼福，同样，那些从遥远岛屿带回"文身纪念品"的水手也引起了人们的好奇心。

法国人让-巴蒂斯特·卡布里（Jean-Baptiste Cabri）就是一位非常具有传奇色彩的有文身的欧洲人。他跑遍了欧洲的展会和市集，在各种场合展示自己的文身和经历，甚至在1817年去往俄罗斯接受沙皇的召见。

卡布里是法国波尔多人。1794年，14岁的他开始在一艘私掠船*上做水手，后来成为英国人的俘虏，被带上一艘捕鲸船。1795年，当捕鲸船在太平洋的马克萨斯群岛停靠时，他趁机逃了出来。

之后，他登上马克萨斯群岛南部的塔瓦塔岛（Tahuata），加入了岛上的一个部落，娶了酋长的女儿，还入乡随俗，跟当地人一样在身上和脸上文了身。4年以后，由于部落之间的争战，他流落到邻近的努库希瓦岛（Nuku Hiva），在这座岛的海边拾荒，有时靠掠夺沉船上的物品为生。1804年，俄国海军上将克鲁津什腾在环球旅行时来到努库希瓦岛，随行的德国航海家朗斯多夫（Langsdorff）找到卡布里，让他担任自己的翻译。说来也巧，克鲁津什腾在下令起锚回航的时候，卡布里刚好喝醉了，倒在他舰队中的一艘船上沉沉睡去，就这么离开了马克萨斯群岛。

重返欧洲的卡布里成了名人，他以展示自己的文身和经历为生，直到1822年去世。他被葬在法国北部城镇瓦朗西纳（Valenciennes）的公墓中一个公共墓穴里，免得有人惦记他带文身的皮肤，打扰他的安眠。

---

* 是国家授权可以攻击或劫掠他国船只的武装民船，在15—18世纪的西方海战中曾被广泛使用。

时间来到 1828 年，这回轮到英国布里斯托尔的约翰·拉瑟福德（John Rutherford）出名了。拉瑟福德的外号叫"白种毛利人"，他经常裸露上身以展示自己的文身。

这位英国水手自称曾被一个原始部落的人抓了起来，他们强迫他文身，尤其还要在他脸上留下墨刻。整个文身过程长达 4 小时，结疤则用了 6 星期。

他还说一艘美国人的船把他救了出来，并把他送到了夏威夷。几经周折后，他终于回到了英国。

靠着这段独特的经历，他得以频繁出入上流社会的沙龙。但是纸包不住火，不久后，他的谎言被戳穿了——他只不过是在新西兰结婚并有了孩子。

如果说这些欧洲人只是把展示自己的文身作为业余的赚钱手段，那么以菲尼亚斯·泰勒·巴纳姆（Phineas Taylor Barnum）为首的美国人则是把这种娱乐变成了一种职业化的营生。

詹姆斯·奥康奈尔（James O'Connell）是一名爱尔兰水手，他是第一个在美国的马戏团表演中把自己的文身展示给观众看的人。

这名水手也说自己曾在南太平洋海域被人掳走，又被逼文身，接着还被迫娶了当地的女孩，诸如此类……哼哼！

在人头黑市交易之后，文身骗子又登场了，这简直成了那个时代最赚钱的生意！

单单靠展示文身赚钱怎么够呢？当然还要添上更多的奇闻异事！

在这个领域做到登峰造极的就是……

克斯坦特努斯

来自缅甸的人

1873 年，巴纳姆参加了维也纳世界博览会：一次包含马戏表演等游艺节目的大型展会。他在那里发现了一个叫乔治·康斯坦丁的人，并把他带回了美国。这个人后来被称为克斯坦特努斯（Costentenus）。

克斯坦特努斯自称"来自缅甸的人"，身上有 388 个彩色文身。巴纳姆首先给他冠上了一个王子的头衔，后来又把他打造成了一名船长，还特别给他添上了"19 世纪最著名的文身者"的名号。

28

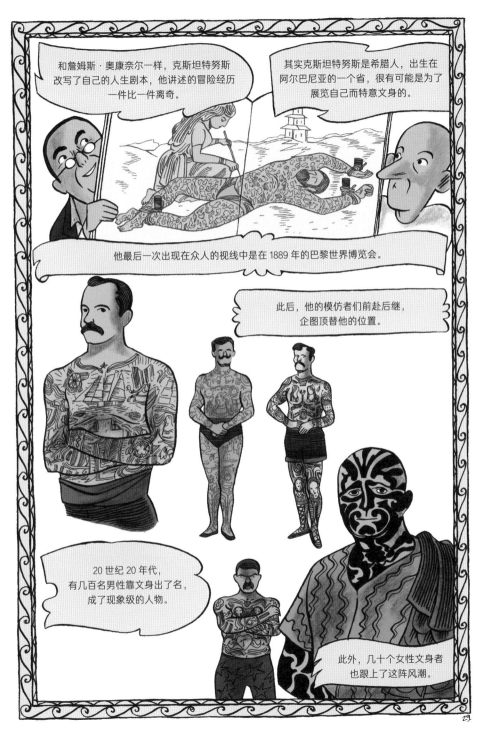

和詹姆斯·奥康奈尔一样，克斯坦特努斯改写了自己的人生剧本，他讲述的冒险经历一件比一件离奇。

其实克斯坦特努斯是希腊人，出生在阿尔巴尼亚的一个省，很有可能是为了展览自己而特意文身的。

他最后一次出现在众人的视线中是在 1889 年的巴黎世界博览会。

此后，他的模仿者们前赴后继，企图顶替他的位置。

20 世纪 20 年代，有几百名男性靠文身出了名，成了现象级的人物。

此外，几十个女性文身者也跟上了这阵风潮。

这些女性从 1890 年开始登上伦敦的舞台，其中最出名的要数艾琳·伍德沃德（Irene Woodward），她直到 1916 年还在展出自己的文身。

用自己的文身谋生的还有美国夫妇弗兰克·伯格（Franck Burgh）和艾玛·伯格（Emma Burgh）。

随后，文身的浪潮来到了德国——马戏表演的发源地之一。德国女性文身的代表人物是美丽的"莱茵河珍珠"玛丽（Marie）。

别忘了算上东方美人吉塔·萨洛梅（Djita Salomé）。她又被称为"蓝色女人"，她的文身由上亿个细密的针孔组成，是由北美印第安人中的达科塔人为她刺上的。

30.

为什么有那么多的人在逛市集或展会的时候文身呢？
那是因为往往在这种场合中有文身师执业。
文身者可以借机光明正大地接受文身师的针刺，
而不用特意跑到一艘三桅帆船上去。

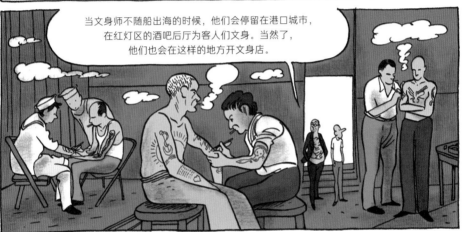

当文身师不随船出海的时候，他们会停留在港口城市，
在红灯区的酒吧后厅为客人们文身。当然了，
他们也会在这样的地方开文身店。

1846 年，文身师马丁·希尔德布兰特（Martin
Hildebrandt）在纽约开了一间文身工作室。
这是西方的第一家文身店。

而欧洲第一家文身店的开业则是 1879 年的事了。

这家店开在伦敦北部城市霍洛韦（Holloway），店主是
英国人大卫·W. 帕迪（David W. Purdy）。到了 1890 年，
汤姆·莱利（Tom Riley）和萨瑟兰·麦克唐纳
（Sutherland Mcdonald）也分别在英国开了
自己的文身店。这两个人都是退役军人，
在服役时就已经用战友们
"练手"了。

嘿！

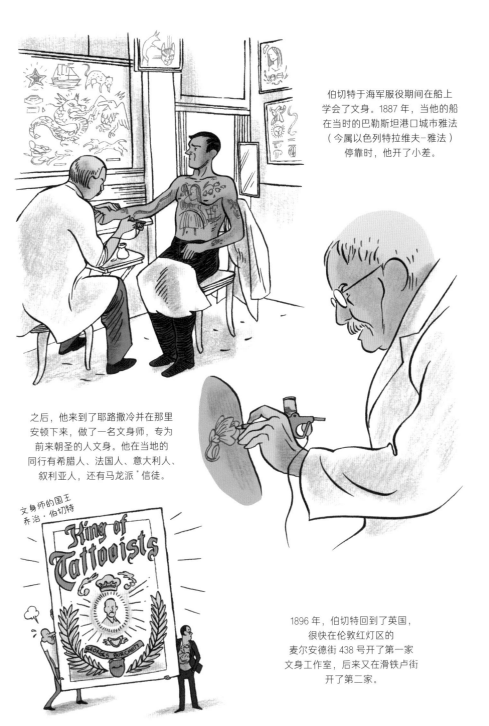

伯切特于海军服役期间在船上学会了文身。1887 年，当他的船在当时的巴勒斯坦港口城市雅法（今属以色列特拉维夫-雅法）停靠时，他开了小差。

之后，他来到了耶路撒冷并在那里安顿下来，做了一名文身师，专为前来朝圣的人文身。他在当地的同行有希腊人、法国人、意大利人、叙利亚人，还有马龙派 * 信徒。

文身师的国王
乔治·伯切特

King of
Tattooists

GEORGES BURCHETT

1896 年，伯切特回到了英国，很快在伦敦红灯区的麦尔安德街 438 号开了第一家文身工作室，后来又在滑铁卢街开了第二家。

* 基督教东仪天主教会的一个分支，信徒大量集中在黎巴嫩。

33.

尽管有几位王室贵族文过身，但是在西方英语国家，真正的文身仍然属于水手。靠岸后，他们会带着远航归来的文身留念，挽着妖娆的女伴，在城市的贫民窟里寻欢作乐、打架斗殴、熏熏欲醉。

丹麦是继英国之后的第二个拥有文身店的欧洲国家。1901 年，汉斯·J.汉森（Hans J. Hansen），又名"墨水汉斯"，在哥本哈根港口一家酒吧的地下室开了一间文身店。

紧接着，文身店在德国也开了起来，它们集中在汉堡圣保利街道的红灯区。

在法国，人们得耐心地等到1961 年……

那一年，一个叫布鲁诺的人在远离大海的地方——巴黎的皮加勒区开了一家文身店。

布鲁诺原本是一个蔬果批发商，也是阿姆斯特丹的"文身彼得"（Tattoo Peter）的亲戚，后者是当时荷兰最著名的文身师。彼得从来不缺少寻欢作乐的水手上门文身，并且所得丰厚，这让布鲁诺看到了商机，也紧跟上了他的脚步。

35.

在皮加勒区的克利希大道，布鲁诺的工作室就开在一辆停在便道上的卡车上。

3 年以后，他将卡车上的生意转移到了热尔曼·皮隆街的一家小店里，这条街位于蒙马特高地的坡道上。

* 文身。

喂，如果你对这些历史不感兴趣就直说。

什么？我正听得津津有味呢，所长先生！

我犯困是因为昨天晚上有比赛，他们整夜都吵吵嚷嚷的……

好吧，那还是回到你感兴趣的人群身上吧。

比如喜欢文身的犯罪者。

噢，难道我生活中除了犯罪就没有别的内容了吗？

嗨，别提了，你简直是个老古董。

怎么说？我是在道上混了7年，可是我还没老，我才22岁呢！

不，我指的是你的古董"监狱文身"，它的追随者已经越来越少了。

有很长一段时间，法国和大多数天主教国家一样，认为文身是囚犯的专利。

在大航海时代以及随后到来的科学远征队探索南太平洋时期，文身被重新引入西方，并迅速借由水手们的皮肤流传开来，最终到了……

小混混的皮肤上。

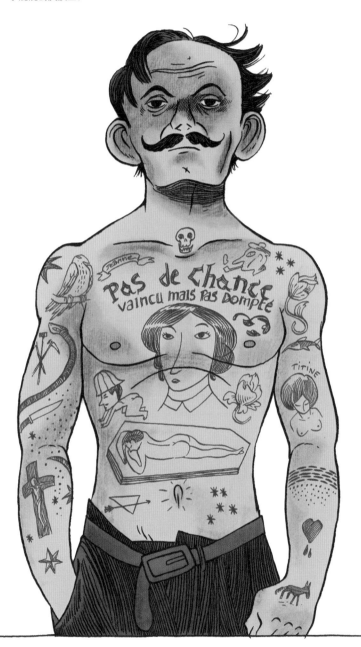

倒霉 可以被打败，不可被征服

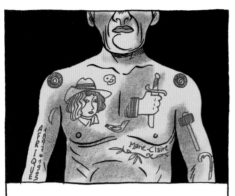

1831 年，一份关于文身的通函被发送到法国
各个中央监狱的典狱长手中。

1849 年 10 月，内政部的一份通告指出，
可以借助文身来识别轻罪犯。

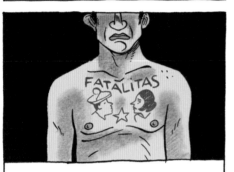

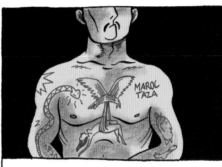

通告中写道："搞清嫌疑人所文图案的真实意义
是很有用的，而且不应只依靠文身者的
表述对其文身的真实意义做出判断。"

19 世纪后半叶，研究文身的主要人群从船医变为了
犯罪学家，其中最著名的文身研究者是法国里昂人
亚历山大·拉卡萨涅（Alexandre Lacassagne）。

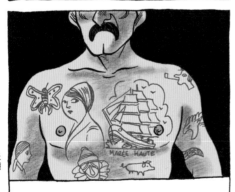

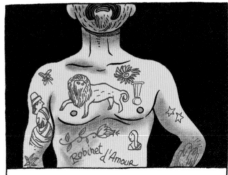

1881 年，他发表了一篇探讨文身与犯罪关系
的论文：《人类学和法医学研究下的文身》。

为完成这篇论文，他收集了 2400 种
文身图案，这些图案的主题超过 300 种。

在 1876 年，也就是这部作品问世的几年前，意大利犯罪学家龙勃罗梭（Lombroso）发表了著作《犯罪人论》，提出了人类犯罪行为来源于返祖性的理论。他还认为，文身是犯罪人的主要特征之一。

19 世纪末、20 世纪初，在法国，一个坏小子如果想成为男人中的男人，就必须要做到"疯疯癫癫、伤痕累累"，这是黑话，翻译过来就是"得梅毒、文文身"。

得梅毒可以证明这个人拉过皮条，有文身证明这个人蹲过大牢。

硬汉，真男人，文身者！不是吗？

啊哈，你说的是费南代尔 1938 年主演的电影……

《文身者拉斐尔》的插曲里的歌词！

我是一个硬汉，一个真男人，一个文身者！我沐浴过非洲的烈日，身上带着苦役的烙印！

我曾亲眼见过那些带有"苦役的烙印"的人。

那还是在 20 世纪 70 年代我做监狱看守的时候。那时中央监狱里还有几个之前在苦役监狱待过的惯犯。

有的还去北非服过苦役……

1832 年，法国诞生了一个叫"比利比"（Biribi）的组织，是法国在北非殖民地建立的一种服苦役的惩罚性组织。

这一组织由法国军队中犯了错或有违法犯罪行为的士兵和逃兵组成。法国政府把这些人遣送到设立于阿尔及利亚、摩洛哥或突尼斯的专门机构，强迫他们在烈日的炙烤下，一边遭受刁难和侮辱，一边干体力活。

这群人被分为几个不同的梯队。其中一个叫作"非洲轻步兵营"，主要包含刑期在 3 个月以上的有违法犯罪行为的士兵。

除了非洲轻步兵营，还有几个排专门容纳被军队开除者，他们包括被判有罪的士兵和被判不配持有武器的士兵。此外还有"守纪连"，从这个名字我们就可以猜到，不守纪律的士兵会被分配到这些连队里。除此之外，这种惩罚性组织还设有军人感化院和公共工程工坊。违反了刑法的士兵会被关进军人感化院，而违反了军事法的士兵会被送往公共工程工坊。

在这类人群中，文身被当作一种传统、一种习俗，而且极少遭到官方的禁止。
所以在当时，比利比中文身者的比例保持在 70% 到 100%。

拉卡萨涅研究过 300 多个带有文身的非洲轻步兵营苦役犯，最终得出结论——文身之所以
在比利比如此盛行，一是因为文身是苦役们表达思想和情感的唯一途径，二是长期监禁
所导致的无所事事。此外，这些穿着服装服苦役的小混混们在身上文相似的、
经过精心编排的图案还出于模仿心理和吹嘘的渴望。

有的文身暗示着文身者
的经历。

41.

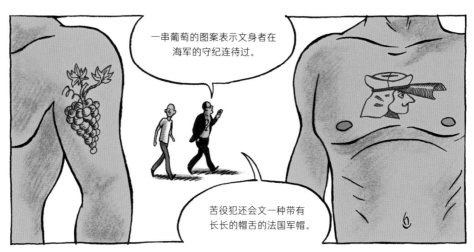

一串葡萄的图案表示文身者在海军的守纪连待过。

苦役犯还会文一种带有长长的帽舌的法国军帽。

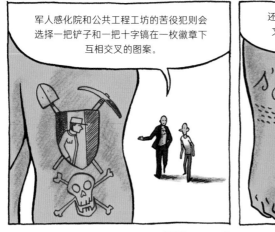

军人感化院和公共工程工坊的苦役犯则会选择一把铲子和一把十字镐在一枚徽章下互相交叉的图案。

还有人在身上文谜语……

或谚语。

用寥寥几个字体现绝望、愤怒和痛苦。

还有一种文身包含一系列反军国主义的文字和图案。在这种类型的文身中，人们把士官文成猪头，以示侮辱。

军国主义的受害者　打倒军队

因为队伍里缺乏女性，年轻的苦役犯们欲火难耐，还会在身上文猥亵的画面，以此填补内心的空虚。

每一个被压迫的北非苦役营里都有才华横溢的文身师操刀……

当然也有滥竽充数的。

啧！

由于当地气候炎热，苦役犯被允许在中午最热的时候停工休息，文身师们就趁着午休时间开工。

文身师以文身所需要的午休次数来确定价格，文身者用香烟或收到的各种包裹来支付这笔费用。

当非洲轻步兵营的苦役们终于脱下"戎装"，回到国内，他们就要重新开始融入社会了。

他们混迹街头，重操非法勾当，甚至加入流氓团体，慢慢形成了第一次世界大战后的黑帮组织。

20世纪30年代，随着财富的积累，硬汉和黑帮大佬们变得声名显赫，社会地位不断提高，他们开始后悔在身上文下各种图案，因为这些文身是他们黑暗人生的烙印，在赤裸裸地宣扬他们的身份。为了隐藏自己的身份，更方便地从事非法活动，文身这种习俗渐渐在这一群体中消失了。

43.

从那以后，法国的流氓们也开始谨言慎行了。

你的前辈们懂得了这样一个道理：要想日子过得好，就要做到不显山不露水。

在其他国家也一样，全世界仅剩下为数不多的几个黑帮还保持着文身的传统。那是青春的罪孽啊……

不过这些人的文身也越来越没有了锐气。

在那一时期，最著名的黑帮文身出自以洛杉矶东部街区为据点的帮派成员。他们的文身风格是"加州囚犯风"：由细线条组成的黑灰色图案，与监狱中用细长的吉他弦文出的图案十分相似。

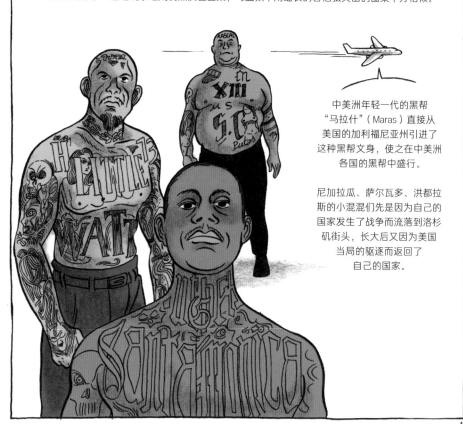

中美洲年轻一代的黑帮"马拉什"（Maras）直接从美国的加利福尼亚州引进了这种黑帮文身，使之在中美洲各国的黑帮中盛行。

尼加拉瓜、萨尔瓦多、洪都拉斯的小混混们先是因为自己的国家发生了战争而流落到洛杉矶街头，长大后又因为美国当局的驱逐而返回了自己的国家。

44

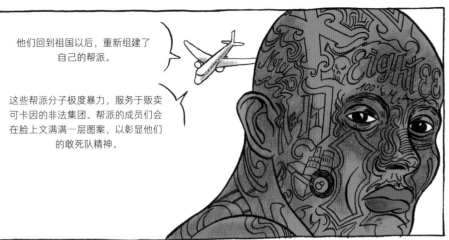

他们回到祖国以后，重新组建了
自己的帮派。

这些帮派分子极度暴力，服务于贩卖
可卡因的非法集团。帮派的成员们会
在脸上文满满一层图案，以彰显他们
的敢死队精神。

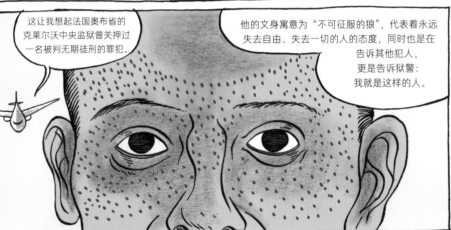

这让我想起法国奥布省的
克莱尔沃中央监狱曾关押过
一名被判无期徒刑的罪犯。

他的文身寓意为"不可征服的狼"，代表着永远
失去自由、失去一切的人的态度，同时也是在
告诉其他犯人，
更是告诉狱警：
我就是这样的人。

除此之外，"加州囚犯风"的追随者不只有
中美洲的年轻狂热分子，还有诞生于南非
监狱中的"数字黑帮"、菲律宾马尼拉的
黑帮等。

别忘了算上新西兰城市奥克兰的
"摩托车党"。

45.

不过，黑帮成员的老前辈——那些正儿八经的罪犯们认为文身太做作，已经抛弃这项传统很久了。

只有苏联"古拉格"劳改营出身的犯罪分子还保持着文身的传统。

犯罪集团中的当权者文下象征着大佬的肩章；反政府组织成员在肩部和膝盖处文上八芒星……他们还会在身上文东正教堂，教堂圆屋顶的数量表示着刑期的长短。

那可是定制版的文身，就像穿在身上的一件衣服，而且是高级服装！那样的文身可不是在监狱里文的，而是由真正的文身大师操刀，他们的手艺是世代相承的。

嗯……我觉得最漂亮的还是日本"雅库扎"的文身。

啊，那个日本黑帮！

日本传统的文身叫作"入れ墨"（可译为刺青）或"彫り物"。虽然说雅库扎的文身最出名，但是他们并不是日本传统文身的唯一传承者，即便这项传统很有可能因为他们才得以延续。

好了，在说到那些穿着文身盛装的黑帮成员之前，让我们先把目光放到几个世纪以前……

我洗耳恭听，所长先生。

46.

人们在日本发现了一些脸部刻有条纹的古代小人像。

一部中国3世纪的著作*中提到，东海有一座岛，岛上的国家叫倭国，其国民不论男女都在脸上文身。

他们想利用文身吓唬谁？

谁也没想吓唬，只是为了美观吧。

不过，其实你说得有道理。相传最开始，捕捞贝类的渔夫会为了躲避鲨鱼的袭击而文身，他们把文身作为一种掩护。

根据其他文献记载，在日本古代，惯犯、少数民族和最低等的阶层都只在眼部周围文身。

而且，当时还有专门为女性而文的样式。

在日本北部的北海道，女性会在前臂、手背和嘴唇周围文上大片的带状图案；而在南部的冲绳，她们会在手背和手指的外侧文身。这些文身一方面是为了美观好看，另一方面是作为一种标志，表明这名女性到了适婚年龄或者已经结婚。

47.

---

* 此处指的应该是《三国志》。

我们今天所熟知的日本文身是到了很久之后的江户时代（1603—1868）才出现的。在那时的江户，也就是今天的东京，文身的人群仅限于少数劳动人民。

当时，日本的性工作者有在手上文美人痣的习俗。美人痣的位置就是当她们和情人牵手时，情人的拇指接触到的部位。随后，马夫、木匠、消防员等职业的人也开始文身。

48.

日本最开始流行的文身是一些格言警句，后来是散布在身上的小图案。从 18 世纪下半叶起，日本文身继续扩张地盘，逐渐占据了人体的正面、背面和手臂，一直到占领了整个人体表面。

其中，动物类的文身图案借用了其在道教和泛灵论中的象征意义：野猪象征着勇猛，狐狸象征着丰饶，猴子象征着智慧，老虎象征着勇气，龙象征着力量和权力。

龙和鲤鱼是日本最受欢迎的两种文身图样。鲤鱼文身是勇气和决心的象征。

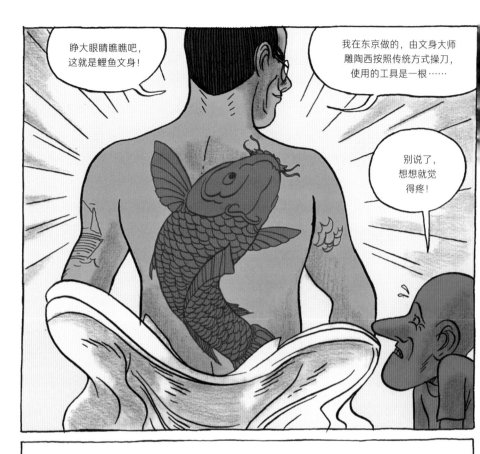

不至于，那只不过是一根末端固定着针的长杆！用手针并不比用电针更疼。

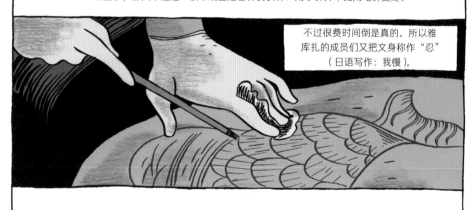

不过很费时间倒是真的。所以雅库扎的成员们又把文身称作"忍"（日语写作：我慢）。

日本人的文身并不拘泥于动物等父辈们钟情的图案，还有象征着大富大贵的牡丹花，预示着完美无缺的蝉蛹，暗喻着似水年华的枫叶……

他们以人体为画布，巧妙地将水、浪花、火焰、空气、风等元素化为螺旋形线条，用来装饰图案的主体部分。

而图案中最醒目的部分除了动物形象外，还可能是佛教中的人物形象。最常见的人物就是释迦牟尼，此外还有成双成对出现的金刚力士。金刚力士的形象威猛强悍，是以生命守护佛法的佛教人物。

佛教密宗五大明王中的不动明王虽然面目凶恶，表情愤怒，但实际上是一位慈爱善良的神灵，十分受信众欢迎，因此他也是常出现在日本文身中的形象。

此外，一些日本民间传说中的形象也会作为文身的图案，比如金太郎捕鲤鱼图。金太郎是日本民间传说中的励志人物，鲤鱼是力量的象征，金太郎有时也被称为鲤鱼男孩。

总而言之，到了 19 世纪，文身成为日本绘画艺术和服装艺术的一部分。

1827 年，中国古典名著《水浒传》畅销日本，版画艺术家歌川国芳（1798—1861）按照书中 108 个梁山好汉的形象特点创作了人物肖像，并给这些人物设计了大片文身。

歌川国芳创作的梁山好汉形象在民间受到了广泛的喜爱。文身者们把这群反抗强权、行侠仗义的好汉当作榜样的同时，也希望拥有和他们一样的文身。

日本的雕刻艺术家通常也是文身师。在日语中，雕刻艺术家和文身师可以用同一个词"彫师"来称呼。最初，日本文身师在设计图案时还会借用其他艺术家的作品，但是他们很快就开始自己独立创作图案。

于是就逐渐形成了我们今天所认识的日式文身。

可惜，日本政府一度认为文身是一种反社会的行为，冒犯了政府的权威。因此 1811 年，征夷大将军控制下的幕府颁布法令，限制"刺青"的发展，迫使这项手艺悄悄转入了地下。

皇权的复兴使得文身在日本的境况更加不容乐观。1872 年，文身被日本政府全面禁止。

不过，刚刚走下航船，踏上日本土地的外国人并不受这项禁令的影响，他们依然能接受文身大师的针刺，尤其是在横滨港。

尽管文身为政府所不齿，可是它依然在地下得到了蓬勃发展。第二次世界大战后，美国占领日本，对文身的禁令也在 1948 年取消。

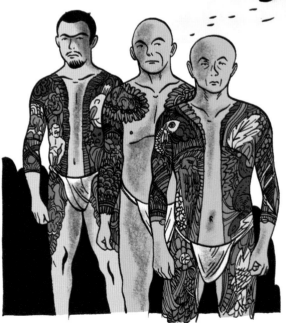

在此期间，雅库扎不但将文身当成了自己的招牌，还把它推广到了国外。

近些年来，雅库扎也明白了要低调行事，所以慢慢地抛弃了文身的传统。而世界其他国家对文身这项艺术的喜爱反向影响了日本，促使文身在日本获得新生，重新流行起来。

53

文身从什么时候开始在世界范围内大众化，发展成了今天我们所熟悉的现状？
那还要从 20 世纪 60 年代的美国谈起。

随着反文化运动的兴起和摇滚乐的诞生，文身
渐渐走进了大众的视野。

是詹尼斯·乔普林*这样的艺术家和《滚石》
这样的杂志将文身从社会底层中解救出来，
并使之流行起来。

那些自诩为硬汉、真男人的黑帮
和水手们抛弃了文身，可是摩托
车党和摇滚青年们又捡起了这项
古老的传统，以此凸显他们
放纵不羁的人生态度。

20 世纪 80 年代，朋克族、光头党
等非主流群体在外形上形成了特
有的风格，他们把文身纳入群体
的标志性形象中，并进一步
强化了文身的叛逆意味。

与此同时，时装设计师们为寻找灵感纷纷
走上街头，维维安·韦斯特伍德（Vivienne
Westwood）和让－保罗·高缇耶（Jean-Paul
Gaultier）等著名设计师将文身
带到了聚光灯下。

音乐家、运动员、演员等公众人物中很多都文过身，
他们的形象反复出现在媒体的报道中，逐渐改变了
文身留给人们的负面印象。文身不再受人指责，
也不再是某一个群体的专属标志了。

文身的象征意义渐渐淡去，
让位给了美学意义！

54.

* 詹尼斯·乔普林（Janis Joplin, 1943—1970），20 世纪 60 年代美国著名摇滚歌手。

你以后要走的路还很长呢,年轻人!

不知道当不当讲,其实我还是有点喜欢你的文身的。

不过不能有下次了啊!

而且你还犯了一个非常愚蠢的小错误。

想要漂亮的文身,你得等到出狱以后。

还要等 18 个月……

你可以让文身艺术家用新的图案把你身上这个盖住。

在此之前,我可以尽情遨游在您给我讲的故事之中。

也许我可以用一幅塔西提美人儿的图案盖住这句话。

实际上，新文身会帮助你抹掉过去，还会比旧文身更容易让你找到工作。

然后，我想我会文毛利人的墨刻！

显得很有文化，不是吗？

男子看守所

热罗姆·皮埃拉和阿尔弗雷德

扩展阅读

热罗姆·皮埃拉推荐的三部作品

《坏小子》，作者热罗姆·皮埃拉、埃里克·吉永（Eric Guillon），La manufacture de livres 出版社，2013 年出版。这是一本以服刑人员为拍摄对象的摄影集。这些人曾被关在法国的中央监狱或海外苦役营里，照片是在他们被捕后由司法机构所拍。这些"硬汉"和"真男人"就以这种形式被永远记录了下来。

《马克萨斯人及其艺术 卷一：文身》，作者卡尔·冯·登·施泰嫩（Karl von den Steinen），Au Vent des Iles 出版社，2016 年出版。这部著作的作者、德国医生、人类学家施泰嫩曾于 1897 年被柏林博物馆派到马克萨斯群岛研究当地人的风俗。他用素描和文字记录了当地居民刺在身上的图案，这些资料是对正在消逝的部落艺术的重要记录。

《锦缎皮肤——日本文身研究》，作者菲利普·庞斯（Philippe Pons），Le Seuil 出版社"图文书系列"，2000 年出版。本书作者是研究日本的专家，作品篇幅不长，却全面地介绍了日本社会层层禁忌中的文身艺术，包括文身长期被政府禁止并成为日本黑帮象征的历史。

阿尔弗雷德推荐的三部作品

《猎人之夜》, 导演查尔斯·劳顿 (Charles Laughton), 1955 年上映。距我第一次看到罗伯特·米彻姆 (Robert Mitchum) 在《猎人之夜》中显露神秘文身的剧照已经有 12 年了, 但我依然对它记忆犹新。文身让米彻姆看起来非常酷, 很长时间以来我都梦想着像他一样, 将"LOVE"和"HATE"这两个词文在手指上。后来, 我终于观看了这部电影, 发现他其实是个十恶不赦的坏蛋, 一点也不酷, 然后我就再也不想文那种文身了。但这部电影真的很棒!

《嘿!》季刊, Ankama 出版社"标签 619 系列", 2010 年起发行。这是一份精彩绝伦、激动人心的图像艺术刊物, 它不但探索了视觉世界中的文身艺术, 而且还涉及了很多其他领域。创刊者安妮和朱利安还是展会《文身师, 文身者》的发起人, 这个展会曾于 2014 年 5 月 6 日至 2015 年 10 月 18 日在巴黎的布朗利河岸博物馆举办。

《俄罗斯囚徒文身百科全书》卷 1—3, 作者丹齐克·巴尔德夫 (Danzig Baldaev)、谢尔盖·瓦西列夫 (Sergei Vasiliev), Fuel Publishing 出版社, 2009 年出版 (英文版)。丹齐克·巴尔德夫穷尽一生走遍了俄罗斯的监狱、医院和太平间, 只为收集监狱犯人的文身, 并将其分门别类地编排好, 作出注释, 破解其含义。不管是装饰性的、民族性的, 宗教性的、政治隐喻的, 还是与性有关的, 通过书里千百幅不可思议的照片和绘画, 我们可以看出文身已经成为一种暗语。

图书在版编目（CIP）数据

文身 /（法）热罗姆·皮埃拉,（法）阿尔弗雷德著、绘；
梁容译 . — 广州：广东旅游出版社, 2022.10（2024.4 重印）
　ISBN 978-7-5570-2776-6

Ⅰ . ①文 … Ⅱ . ①热 … ②阿 … ③梁 … Ⅲ . ①文身—
介绍—世界 Ⅳ . ① K891

中国版本图书馆 CIP 数据核字 (2022) 第 091103 号

La petite Bédéthèque des Savoirs 8 – Le tatouage
© ÉDITIONS DU LOMBARD (DARGAUD-LOMBARD S.A.) 2016, by Alfred, Pierrat
(Jerôme)
www.lelombard.com
All rights reserved

本作品简体中文版由 欧漫达高文化传媒（上海）有限公司 授权出版
　　　　　　　　　　DARGAUD GROUPE (SHANGHAI) CO., LTD.
本书简体中文版权归属于银杏树下（北京）图书有限责任公司
图字：19-2022-117

出 版 人：刘志松　　　　　　　选题策划：后浪出版公司
著 　 者：［法］热罗姆·皮埃拉　绘 　 者：［法］阿尔弗雷德
译 　 者：梁 容　　　　　　　　出版统筹：吴兴元
责任编辑：方银萍　　　　　　　特约编辑：李 悦
责任校对：李瑞苑　　　　　　　责任技编：冼志良
装帧设计：墨白空间·曾艺豪　　营销推广：ONEBOOK

文身
WENSHEN

广东旅游出版社出版发行
（广州市荔湾区沙面北街 71 号首、二层）
邮编：510130
印刷：河北中科印刷科技发展有限公司
地址：河北省沧州市肃宁县尚村镇肃留路东侧
字数：20 千字
版次：2022 年 10 月第 1 版
印次：2024 年 4 月第 2 次印刷

开本：880 毫米 ×1230 毫米　1/32
印张：2.375
定价：48.00 元

后浪漫《图文小百科》系列：

欢迎关注后浪漫微信公众号：hinabookbd
欢迎漫画编剧（创意、故事）、绘手、翻译投稿
manhua@hinabook.com

筹划出版｜银杏树下

出版统筹｜吴兴元
责任编辑｜方银萍
特约编辑｜李　悦
装帧制造｜墨白空间·曾艺豪｜mobai@hinabook.com
后浪微博｜@后浪图书
读者服务｜reader@hinabook.com 188-1142-1266
投稿服务｜onebook@hinabook.com 133-6631-2326
直销服务｜buy@hinabook.com 133-6657-3072

后浪出版咨询(北京)有限责任公司
POST WAVE PUBLISHING CONSULTING (BEIJING) CO.,LTD